LES
ROBES A VOLANTS

BOUTADE.

PAR M. BARTHELEMY.

Prix : 40 centimes.

Paris

IMPRIMERIE DE SCHILLER AÎNÉ,
11, rue du Faubourg-Montmartre, 11.

1856

LES

ROBES A VOLANTS

BOUTADE.

PAR M. BARTHÉLEMY.

Prix : 40 centimes.

Paris

IMPRIMERIE DE SCHILLER AINÉ,
11, rue du Faubourg-Montmartre, 11.

1856

LES

ROBES A VOLANTS

BOUTADE.

Lorsque Dieu l'eut créee, humble, candide et pure,
Eve n'avait, dit-on, pour unique parure,
Que ses charmes naissants, sa grâce, sa beauté ;
Rien ne voilait alors sa chaste nudité ;
La pudeur n'était pas encor née en son âme ;
Elle se contentait simplement d'être femme.
N'attachant aucun prix à l'or, aux diamants,
Ignorante dans l'art des beaux ajustements,

Elle bornait ses soins et sa coquetterie

A plaire à son époux, dont elle était chérie.

Mais, par malheur, son goût pour le fruit défendu

Fut cause que l'Eden pour elle fut perdu !

L'esprit du mal, caché dans l'arbre de science,

Vint la tirer bientôt de sa douce ignorance :

Elle apprit à rougir ; puis, honteuse soudain,

Sur ses appats secrets elle porta la main,

Cherchant à les soustraire, en son désordre extrême,

A ses propres regards, à ceux d'Adam lui-même.

Sa blonde chevelure, entourant son beau corps,

Diaphane rempart, qui couvre des trésors,

Déjà ne suffit plus à défendre ses charmes ;

Le moindre vent qui souffle augmente ses alarmes ;

Elle hésite à marcher, car l'indiscret Zéphir

Peut, à chaque moment, faire naître un désir.

Alors elle maudit sa désobéissance,

Elle implora du ciel la divine assistance ;

Et le Dieu de bonté, d'abord sourd à sa voix,

Consentit à sauver sa pudeur aux abois ;

Il lui montra du doigt un ceps à sa portée,

Et la feuille de vigne enfin fut inventée.

Vêtement primitif de nos premiers parents,

Cette feuille modeste a, depuis six mille ans,

Subi, grâce au progrès, bien des métamorphoses ;

Elle s'est transformée, ainsi que toutes choses ;

Découpée et taillée, en bizarres façons,

Soumise aux mœurs, au goût, à la mode, aux saisons.

Elle a tant varié que, pour nos filles d'Eve,

Son ancienne origine, hélas ! n'est plus qu'un rêve.

Qui la reconnaîtrait en effet, de nos jours,

Sous ces vains ornements, sous ces brillants atours,

Qu'étalent à nos yeux, avides de conquêtes,

Les dames de Paris, à bon droit si coquettes ?

Que les temps sont changés ! Pour draper leur pudeur,

Ce feuillage grossier n'a plus assez d'ampleur ;

Leur vertu n'est en paix que sous la crinoline,

La soie ou le velours, la blonde ou la maline ;

Enfin leur vanité, prenant de faux semblants,

Se gonfle dans la robe à trente-six volants.

C'est la seule de mise ; et bientôt cette robe,

S'arrondissant toujours, fera le tour du globe.

On la porte partout ; de Paris au Japon,

La mode a patronné l'ébouriffant jupon ;

Grande dame et bourgeoise, ouvrière et lorette,

De ce meuble obligé composent leur toilette.

C'est une rage. . ! aussi pour ces pauvres maris,

Une femme aujourd'hui vraiment est hors de prix.

Consultez-les : comme eux, vous apprendrez peut-être

Ce que coûte une robe à vingt-cinq francs le mètre;

D'ordinaire il en faut douze mètres au moins,

Comptez, sans la façon, qui monte plus ou moins,

Cela fait trois cents francs, somme ronde et totale.

N'est-ce pas une honte? un affligeant scandale?

Avec ce même argent, un ménage autrefois,

Sachant se modérer, vivait tout un grand mois.

Mais non, il faut briller, eclipser sa voisine,

De son époux-caissier consommer la ruine;

Faire la bouche en cœur, le long des boulevards,

Et de sa robe à queue éblouir les regards.

On la laisse traîner, c'est la bonne manière;

Elle ramasse tout, la boue et la poussière.

Qu'importe un tel souci? d'ailleurs une autre est là,

Riche et plus ample encor qui la remplacera.

Que je plains les maris de femmes si frivoles

Obligés de fournir à ces dépenses folles !..

L'argent fond dans leurs mains ; ils ont beau protester,

Au sein de leur logis, et crier et pester,

Parler chiffres, raison, prêcher l'économie,

Mettre en avant surtout les besoins de la vie,

Contre le luxe aussi, faire de longs discours,

C'est en vain !.. par payer ils finissent toujours.

Payez donc, pour avoir la paix dans le ménage,

Pauvres époux, payez, c'est un parti fort sage ;

A la robe à volants vous devez le tribut,

Payez, sans quoi, pour vous, il n'est point de salut

Quelques-uns au travail, s'usent le corps et l'âme,

Pour solder le mémoire, acquitté par madame ;

Le commis, l'employé, pris à ce guet-à-pens,

Parfois n'ont pas assez de leurs appointements ;

Lui-même, l'ouvrier qui succombe à la peine,

Dépense, en un seul jour, l'argent d'une semaine.

D'autres plus fortunés, de la veille enrichis,

S'ils ont un peu plus d'or, n'ont pas moins de soucis ;

De la mode il leur faut subir la loi commune,

Et la mode toujours fait brèche à leur fortune.

Pour en combler le vide, ils ont recours alors

Aux hasards de la Bourse, aux primes, aux reports ;

Ils consultent les cours, et l'état de leur caisse :

Le nombre des volants suit la hausse ou la baisse.

Je sais bien que souvent la ruine est au bout,

Qu'importe ! on a la robe, et la robe c'est tout...

Toi, sévère censeur qui, dans tes épigrammes,

Fouettas, d'un vers sanglant, les vices de nos femmes,

Remonte sur la terre, inflexible Boileau,

Viens, reprends la satire, et sors de ton tombeau !...

Car tu n'as pas tout dit ; non, à ta galerie,
Parmi tant de portraits, il manque une copie ;
Tu peignis la coquette, en traits fort ressemblants,
Mais tu n'as pas prévu les robes à volants...
Reviens donc ! et prenant à deux mains ton courage,
Fais-nous rire, aux dépens de cet absurde usage ;
Le sujet est fécond ; il est digne de toi,
Regarde autour de nous, et dis ce que tu vois !..

En effet ! que voit-on ?... le mauvais goût conspire ;
Partout la crinoline exerce son empire ;
Chaque jour, son abus prend de l'extension,
Et jette dans nos mœurs la perturbation ;
Tout est bouleversé, rien n'est plus à sa place ;
Ce qui manque à Paris aujourd'hui, c'est l'espace :
Il nous faut agrandir nos portes, nos maisons,
Changer l'ameublement de nos étroits salons ;
Elargir chaque rue, où la foule circule,
Donner une autre forme à chaque véhicule,

Afin que le beau sexe, en toute liberté,

Puisse étaler sa grâce et sa rotondité...

O pouvoir du jupon ! ô mode déplorable !

Maintenant une femme est presque inabordable ;

On ne peut l'accoster, ni lui parler d'amour,

Sans prendre un long circuit, sans en faire le tour ;

Au bal, l'invitez-vous pour une contredanse,

Vous êtes obligé de valser à distance ;

Autre inconvénient !... dans un coupé discret,

Voulez-vous la conduire au Bois, seule, en secret ?

Vous vous trouvez contraint, qu'il pleuve ou bien qu'il neige,

A côté du cocher, de monter sur le siége...

Voilà les doux loisirs, qu'en ce temps de progrès,

Où l'empois règne en maître, un faux dieu nous a faits !...

Et nous continuerions d'adorer cette idole !

Et nul homme, entre nous, ne prendrait la parole

Pour montrer son néant et sa fragilité !

Notre faiblesse, hélas! fait son impunité !

Unissons nos efforts, prêchons une croisade :

La femme dans sa robe en vain se barricade ;

C'est sa tour Malakoff, elle y brave nos coups...

Eh bien! assiégeons-la... le bon droit est pour nous.

Plus d'un nous soutiendra dans cette sainte guerre !

Déjà, marchant en tête, et du haut de la chaire,

Des ministres sacrés, prédicateurs vantés,

Ont dit, à ce sujet, de dures vérités ;

Ces nouveaux Massillons, profitant du carême,

Contre la robe impie ont lancé l'anathème.

Imitons leur exemple : à défaut de sermons,

Accablons l'ennemi de vers et de chansons ;

A rire, à plaisanter, que chacun s'évertue !

Le ridicule, en France, est une arme qui tue ;

Sachons nous en servir... Les femmes, un beau jour,

Absoudront les rieurs, en riant à leur tour.

Car, ici, j'en appelle au bon goût de chacune ;

Est-il rien de plus laid, de mode plus commune,

Que ces larges volants, qui les font ressembler

Au ballon, dans les airs, tout prêt à s'envoler?...

Dussé-je avoir raison tout seul, je le proclame,

Toutes, à mon avis, prêtent à l'épigramme.

La grande, au noble port, paraît un long bâton

Que l'on aurait fixé sur un gros potiron ;

La petite offre aux yeux les contours d'une boule

Qui ne marche jamais, et qui sans cesse roule ;

La grasse, supportant avec peine son poids,

A toujours l'air enceinte au moins de douze mois ;

La maigre, qui ne peut cacher sa mine étique,

Ressemble, à s'y tromper, à la femme hydropique.

Ce sont là des portraits peu flattés, direz-vous?

Et c'est contre une robe avoir trop de courroux...

Vous insultez un sexe à qui tout rend hommage,

Dont la coquetterie est l'unique partage...

J'en conviens ; j'ai poussé peut-être un peu trop loin

La peinture des mœurs dont je suis le témoin.

J'en demande pardon ; désormais je m'incline

Devant le dieu du jour, la sainte crinoline.

Cependant mon respect ne m'empêchera pas,

Si je ne puis parler, de m'indigner tout bas ;

Car j'ai de la rancune ; et, vous pouvez m'en croire,

Sans cesse les volants seront ma bête noire ;

Puissé-je donc bientôt voir de ces faux paniers

Diminuer l'ampleur, et le prix des loyers !...

FIN.

www.ingramcontent.com/pod-product-compliance
Lightning Source LLC
Chambersburg PA
CBHW061958070426
42450CB00009BB/2092